Fritz Herzog

LEBENS[*ge*]DICHTE

Fritz Herzog

LEBENS[*ge*]DICHTE

Der Schmerz
Die Hoffnung
Die Frau
Die Liebe

Re Di Roma-Verlag

Bibliografische Information der Deutschen Nationalbibliothek:
Die Deutsche Nationalbibliothek verzeichnet diese Publikation in der Deutschen Nationalbibliografie; detaillierte bibliografische Daten sind im Internet über http://dnb.ddb.de abrufbar.

ISBN 978-3-86870-121-0

Titelbild: „tut weh“ von Gabriela Waberer;
www.gwaberer.at

www.rediroma-verlag.de
10,95 Euro (D)

INHALT:

Der Schmerz	7
Die Hoffnung	25
Die Frau	65
Die Liebe	83

Der Schmerz

Licht und Schatten

Heiß brennt die Sonne am Gesicht
Es gleißt und glüht – ich seh' dich nicht
Trotz vielen Lichts kann ich nicht schauen
Trotz Lichtes blind und tiefes Grauen

Ich seh' die Welt nur bunt spektral
Bunt, doch leblos, welche Qual
Alles verfremdet, nichts ist konkret
Ist es zum Sehen schon zu spät?

Die Wolke einen Schatten bringt
Der Regenbogen sanft verklingt
Das Gleißen in die Ferne schwindet
Licht und Leben sich dort findet

Nicht die Sonn' uns sehend macht
Der Schatten hat es erst vollbracht
Zu sehen was du bist und hast
Ich seh' es erst in dem Kontrast

Die Sonne macht uns sehend blind
Blind, wie ein neugebornes Kind
Sehend macht uns erst der Schatten
Er lässt mein Auge nicht ermatten

Glück

Glück
Gibt's nicht am Stück
Glück, das gibt's nur scheibchenweise
Niemals laut – immer nur leise

Glück
Gibt's nicht am Stück
Glück gibt's nur in kleinen Dosen
Mit vielen Dornen, wie rote Rosen

Glück
Gibt's nicht am Stück
Glück gibt's nur von Zeit zu Zeit
Wenn's kommt, dann sei dazu bereit

Glück
Gibt's nicht am Stück
Glück, das kommt und Glück das geht
Halt es nicht fest, denn es verweht

Glück
Gibt's nicht am Stück
Kost's aus, wenn du es hast
Wenn's fehlt, nimm's nicht als Last

Masken

Tausend Masken und kein Gesicht
Ziehn Tag für Tag an mir vorbei
Klagend, flehend, ein stummer Schrei
Am Weg des Lebens, hin zum Gericht

Wie wird der letzte Richter richten
Wenn Not und Tod die Masken plagt
Der Mensch dahinter wird nicht gefragt
Doch müsst er nur die Fratze lichten

Zu sehn die ganze Welt davor
Wo Licht und Leben, Sonnenschein
Alles begreifen im vollen Sein
Hinter der Maske bleibt nur der Tor

Leg ab die Maske, zeig dein Gesicht
Lass der Wahrheit Sonne scheinen
Hör auf dich selbst nur zu beweinen
Aufrecht geh hin zu dem Gericht

Er

Du kleiner Mensch, du sprichst zu mir:
„Mein Gott, warum nur hast du
mich verlassen“
Du kleiner Mensch, ich bin nicht hier
Fühl dich nur selbst, dann wirst du's fassen

Das wilde Tier

In mir wohnt ein wildes Tier
Es hat eine gewalt'ge Kraft
Nach innen gibt's mir Leidenschaft
Nach außen reine Gier

Gier, die mir den Atem nimmt
Wilde hemmungslose Lust
Das Herz es tobt in meiner Brust
Der Weg, er scheint mir vorbestimmt

Der Weg er führt durch Stock und Stein
Ich gehe ihn klarem Ziel
Kein Hemmnis wird mir da zu viel
Das Ziel bist du – und ich bin dein

Das Ziel, es ist dein großes Herz
Weidwund trägt es alle Pein
Es ist aus Fleisch – und nicht aus Stein
Das wilde Tier, es kennt den Schmerz

Dieses unbändig wilde Tier
Es weckt in mir gewalt'ge Kraft
Lebenslust und Leidenschaft
Es spendet pures Leben mir

Der Berg, der Dom und ich

Der Berg, der Dom und ich
Wir drei, wir wollen hoch hinaus
Der Berg für ewig
Der Dom hält's tausend Jahre aus
Was hab mit diesen ich gemein
In meiner großen Arroganz?
Wenn meine Jahre winzig klein
Niemals erreich ich diesen Glanz

Der Hamster

Lauf Hamster, lauf
Du meinst es geht bergauf?
Lauf weiter nur du blödes Tier
Abwärts geht es nur mit dir

Renn Hamster, renn
In Unendlichkeit verbrenn‘
Töricht Tier in deinem Rad
Das niemals weicht von seinem Pfad

Eil Hamster, eil
Du bist des Rades erster Teil
In dem du läufst und rennst und eilst
Du siehst es erst, wenn du verweilst

Berg und Tal

Das Leben ist ein tiefes Tal
Doch mach's dir deshalb nicht zur Qual
Führt's auch hinauf in lichte Höhn
Wirst sehn, auch dort ist's nicht bequem

Die Hoffnung

Zerrissen

Zerrissen wie ein Blatt Papier
Zerrissen zwischen dort und hier
Zerrissen wie ein Blatt im Wind
Zerrissen wie ein ungeliebtes Kind
Zerrissen wie ein altes Hemd
Zerrissen, wehrlos und so fremd
Zerrissen, ohne Blick auf Morgen
Zerrissen von des Tages Sorgen
Zerrissen von des Heute Qual
Zerrissen, hoffnungslos und schal

Bis eines Tages, wie im Schlaf
Mich deine Lieb' im Herzen traf
Nichts ist zerrissen, alles ist ganz
Mein Leben strahlt in hellem Glanz
Und in der Dunkelheit entschwanden
Nur die zerrissnen alten Banden

Die Tür

Die Tür verschlossen
Der Weg versperrt
Das Sein verzerrt
Das Leben verflossen
Des Käfigs Gitter
Dicht und eng
Die Wache streng
Das Licht schmeckt bitter

Wer öffnet die Tür?
Wer zeigt den Weg?
Der Körper träg
Ich frag: Wofür?
Bleibe ich in diesem Raum?
Tret' nicht hinaus?
Ein neues Haus
Alles nur Traum?

Die Tür ist offen
Der Weg ist frei
Wie Jubelschrei
Und frisches Hoffen
Die Gitter fallen
Atemluft
Und Lebensduft
In mir hallen

Sommerschnee

Winterregen und Sommerschnee
Falsches ist Richtig
Die Welt wer versteh'
Wenn Banales wird wichtig

Mich fröstelt die Hitze
Es wärmt mich der Frost
Ich wein' über Witze
Und Lachen bringt Trost

Die Welt ist verkehrt
Und Oben ist Unt'
Was mehrt wird verzehrt
Und Schwarzes wird bunt

Der Tod bringt das Leben
Das Sterben macht neu
Nehmen heißt Geben
Und Fremdes ist treu

Wie kann ich verstehen
Wenn am Kopf steht die Welt?
Ich im Vorwärts muss Stehen
Und der Fortschritt mich hält?

Doch wenn Hass wird zu Liebe
Wenn Leid wird zu Freud
Nichts beim Alten mehr bliebe
Und nichts mich mehr reut

Dann bin ich am Ziel
Wiewohl noch nicht dort
Nichts ist zu viel
Ein Hauch wird zum Wort

Der Hauch des Lebens
Der Odem des Seins
Der Sturm des Strebens
Macht alles zu Eins

Egal wann es regnet
Gleich ob es schneit
Wenn Liebe mich segnet
Dann bin ich bereit

Regentropfen

Hoch herab aus des Himmels Grau
Fällt kalter Regen mir aufs Gesicht
Wie die Tränen einer Frau
Ich will sie trocknen und kann es nicht

Will nicht enden der Tränen Flut?
Wann ist's vorbei mit Last und Pein?
Wird es denn niemals wieder gut?
Seh' ich nie mehr der Sonne Schein?

Schenk mir doch einen dünnen Strahl
Gib mir nur ein kleines Licht
Und nichts wär dann mehr tot und fahl
Erfüllt sich meine Sehnsucht nicht?

Am Horizont, unendlich fern
Wo sommers Schwalben Kreise zogen
Weit weg, weit weg wie ein winzig' Stern
Erscheint ein bunter Regenbogen

Am Firmament ein färbig' Kreis
Ein Kreis der Hoffnung und des Lebens
Ich will dorthin – was ist der Preis?
Ich erkenn den Sinn des Strebens

Den Preis des Strebens hin zu dir
Ich seh den Weg, ich seh das Ziel
Der Regen wird zum Elixier
Ich wollt nur wenig und bekomm doch viel

Die Luft wird klar, kann alles sehen
Der hohe Preis, das sind die Tränen
Der Weg, ich musst ihn einfach gehen
So ward belohnt mein tiefes Sehnen

Herbst

Spät verwelkt die Blumenwiese
Vorbei ist bald der Blüten Pracht
Des Herbstes erste kühle Brise
Zeigt dir die Grenzen deiner Macht

Der Jugend Frühling ist vorbei
Was gestern dir noch federleicht
Wird heute dir zu schwerem Blei
Doch hast im Leben viel erreicht

Erkenn es, schätz es, du bist es Wert
Nicht nur des Frühlings zarte Triebe
Sind wunderschön und wild begehrt
Es ist der Herbst, den ich so liebe

Sieh nicht das welke Blatt an dir
Schau auf des Herbstes leuchtend' Farben
Sein buntes Spiel ist deine Zier
Die Erntezeit ist nicht zum Darben

Genieße diese Zeit der Ernte
Leb' aus des Lebens volle Kraft
Die Lust von dir sich nicht entfernte
Es ist der Herbst der Freuden schafft

Nebel

Nebel zieht durch die Gedanken
Nichts ist, was mich trägt weit fort
Jeder Weg endet am Schranken
Tausend hier und gar kein dort

Im hier und jetzt bin ich gefangen
In der Seele tiefstem Loch
Welchen Weg bin ich gegangen
Dass ich darin mich so verkroch?

Wie tief geht es noch hinab
Schwebend rasch im freien Fall
Wird die Höhle mir zum Grab?
Werd ich spür'n den letzten Knall?

Wo ist geblieben der Sonne Schein?
Wo ist geblieben des Tages Licht?
Warum bin ich so allein?
Und den Rückweg gibt es nicht

Doch unten an der tiefsten Stelle
Dünkt es mir, mir wüchsen Flügel
Bevor am Felsen ich zerschelle
Greift eine Hand zart in die Zügel

Wer? Und was? Wo kommt sie her?
Keine Zeit für unnütz' Fragen
Sie ist stark, und ich will mehr
Spür keine Kraft ihr das zu sagen

Spür der Liebe zart-feste Hand
Spür, was ich noch nie gespürt
Wie zerbrechlich ist das Band
Doch mein Herz hat es berührt

Trag mich, meine Liebe, trag mich
Befrei mich aus dem tiefen Schlund
Die sterbend Seele hat nur dich
Liebende Wärme, sie wird gesund!

Du trägst mich, hältst mich und du gibst
Kann ich's zurück dir jemals geben
All die Kraft mit der du liebst
Mut und Hoffnung füllt das Leben

Kein Nebel trübt mehr die Gedanken
Du bist es, die mich trägt weit fort
Geöffnet werden alle Schranken
Du bist hier – und nichts ist dort

Das Sein

Früh blüht der Flieder
Im Herbst reift der Wein
Der Lenz kommt nie wieder
Kost aus spätes Sein

Sonne

Sonne, wo scheinst du?
Sonne, wo strahlst du?
Sonne, wo wärmst du?
Sonne, wo bist du?
Sonne, wo bleibst du?

Wo scheinst du in ein Herz?
Wo strahlst du in ein Herz?
Wo wärmst du ein Herz?
Wo bist du in einem Herz?

Wann bleibst du in jedem Herz?

Sonne scheint
Sonne strahlt
Sonne wärmt
Sonne ist

Sonne bleibt in jedem Herz der Liebe

Schneesturm

Kalt schlägt der Schnee mir ins Gesicht
Den Weg nach vorne seh' ich nicht
Der Weg zurück, der ist verschlossen
Verriegelt, von der Welt verstoßen
Nach vorn, nach vorne, nur nach vorn
Warum hat mich die Welt gebor'n?
Gekreißt mit zentnerschwerer Last
Ziellos, hilflos, in unsteter Hast
Den Weg zu suchen den's gar nicht gibt
Seelenlos und ungeliebt

Doch dann kamst du, es schmolz der Schnee
Den Weg nach vorn ich wieder seh
Die Tore offen, nichts ist zu
Vorn, dort vorne, bist jetzt du
Gut ist's das Leben hier zu leben
Es lohnt sich nach dem Leben streben
Mit Freud' genieß ich dieses Sein
Alles ist leicht, ohn' Last und Pein
Ich hab' den Weg nun doch gefunden
Und Eis und Kälte überwunden

Der Strom

Stets fließt der Strom, träg, zäh und grau
Wohin nur? Abwärts, talwärts, meerwärts?
Der Fluss nur selbst weiß' ganz genau:
Im Fluss, da gibt es keinen Schmerz

Beharren, stehen, nicht weitergehen
Dies bringt dir tausend Leid
Im Fließen erst das Ziel wir sehen
Den Strom ich oft darum beneid

Er kennt sein Ziel
Er weiß wohin
Verlange ich zu viel?
Vergebens suche ich den Sinn

Wenn nicht mehr fließt der große Fluss
Wenn sich die Wasser stauen
Wohin setz ich dann meinen Fuß
Worauf soll ich dann bauen?

Wie Wasser fließt ohn' alle Ruh'
Tagaus tagein niemals vertrocknend
So will ich fließen immerzu
Zu deinem Herz, das so verlockend

Ich kenn mein Ziel
Ich weiß wohin
Verlange nicht zu viel
Du gibst dem Leben neuen Sinn

Vorbei

Vorbei die Schatten
Vorbei der böse Traum
Hinaus aus diesem dunklen Raum
Bevor die Kräfte mir ermatten

Vorbei die Zeit der Finsternis
Vorbei des trüben Alltags Last
Weg, nur weg mit großer Hast
Ein Leben ohne Hindernis

Vorbei, nur weg aus diesem Fluch
Vorbei, befreit von trüben Tagen
Neues Leben gilts zu wagen
Neue Seiten, in neuem Buch

Vorbei, vergessen, hinter mir
Vorbei, das Gestern ist Geschichte
Das Heute in des Lebens Dichte
Dorthin, den Weg geh ich mit dir

Kraft und Schmerz

Kraft bringt Schmerz
Doch Schmerz bringt Kraft
Wenn die Erkenntnis ich geschafft
Schwebt mein Geist himmelwärts

Konjunktiv

Am Anfang war der Konjunktiv
Mit „hätte", „könnte", „sollte", „würde"
Die Leere wurde schwere Bürde
Der Anspruch hoch, das Sein so tief

Was wollte ich nicht alles schaffen
Die Zeit gefüllt mit Plan um Plan
So viel gedacht und nichts getan
Müdigkeit ließ mich erschlaffen

Der Konjunktiv war bald zu hohl
So sagte ich ihm Lebewohl

Der Imperativ, der war mein Ziel
„Du sollst", „du wirst" und „musst"
Im Zwang verflog die Lebenslust
Die Enge ward der Seele viel

Kein Heraus aus engen Ketten
Nur Vorwärts hin zu schnellem Sieg
Mein Ich lag mit dem Ich im Krieg
Die Wirklichkeit nur Silhouetten

Der Imperativ war mir zu voll
So sagte ich ihm Lebewohl

Am End fand ich den Indikativ
Es „ist“ wie’s ist, das Leben zählt
Im Fließen sich die Welt erhellt
Frei, wie von selber alles lief

Vor mir die schöne neue Welt
Der Fluss des Lebens fließt ganz frei
„könnte“ und „muss“ wird einerlei
Allein die Freiheit ist’s, was zählt

Der Indikativ ward mein Idol
Mit ihm lebt’s fortan sich so wohl

Morgen

Lass das Morgen morgen sein
Was gestern war, das ist vorbei
Ins Heute stürze dich hinein
Dann bist du morgen frei

Die Frau

Dein Haar

Dein Haar es lodert im tobenden Wind
Wie feurig züngelnde Flammen
Rot, voll Leben, nichts hält sie zusammen
Ach, wäre ich doch noch ein Kind

Ein Kind, dass nicht kennt die Lust
eines Weibes
Nichts weiß von Verlangen, Lust und Begier
Nichts weiß von der Frauen erotischer Zier
Von Wolllust und dem Magnetismus
des Leibes

Doch bin ich Mann und voll von Leben
Und näher zu dir lockt mich dein
lodernder Schopf
Will streicheln und kosen deinen
lieblichen Kopf
Doch wird belohnt mein ewiges Streben?

Durchs wehende Haar zieht Eros die Kreise
Er fesselt mich, trifft mich, lässt mich nicht los
Versinken will ich in deinem gierigen Schoß
Nichts hören und sehen – die Welt wird
ganz leise

Ist's Eros, ist's Amor, ist's sinnliche Lust?
Was zieht mich zu dir wie das Wasser
ins Tal?
Die Stunden ohne dich werden zur Qual
Doch immer mehr wird's mir bewusst:

Es ist dein Haar, das lodert im Wind
Es brennt wie tausend glühende Flammen
Es brennt, mein Herz zieht sich zusammen
Ich bin froh – ich bin nimmer ein Kind

Deine Hand

Jahre Arbeit zeichnet deine Hand
Was hat sie alles schon berührt?
Zerfurcht und rau wie wildes Land
Doch mich hat sie verführt

Mein tiefstes Innres hat sie erfasst
Tief in meiner dumpfen Brust
Dort wo mein Selbst sich selber hasst
Pflanztest du den Keim der Lust

Ein zartes Pflänzchen, kaum zu sehen
Ganz zierlich dringt der Keim hervor
„Wachs schneller“ will ich fordernd flehen
Doch aus mir spricht der reine Tor

Lass wachsen, langsam, gib dir Zeit
Die Pflanze wächst mit jedem Tag
Geduld und Muße, doch sei bereit
Es lohnt die Müh, es lohnt die Plag’

Deine Hand, dem Gärtner gleich
sie hegt und pflegt den jungen Trieb
Er wächst, gedeiht und blüht bald reich
Ich wünscht‘, es allezeit so blieb’

Zart kos' ich gerne deine Hand
Sie will und kann mein Herz berühren
So lieblich zart wie weites Land
Wie gern lass ich mich so verführen

Deine Lippen

Deine Lippen rot und voller Leben
Sie fordern mich heraus zu geben
Zu geben mehr als ich vermag
Zu kurz das Leben, zu kurz der Tag
All die Dinge dir zu bringen
Die tief in meiner Seele ringen

Deine Lippen in vollem Rot und Leben
Fordern viel, noch mehr sie geben
Sie geben deine ganze Liebe
Entzünden in mir wilde Triebe
Verlangen, Gier und reine Lust
Tief, ganz tief in meiner Brust

Deine Lippen voll Leben und leuchtend rot
Vergessen sind der Tage Not
Ich schöpfe Hoffnung in grauen Tagen
Vergessen sind die tausend Plagen
So fass ich Kraft und wieder Mut
Wenn mein Mund auf deinem ruht

Deine Lippen rot und voller Leben
Sie fordern mich dir mehr zu geben

Der Tiger

Suchend durch den Dschungel zieht
Der Tiger
Was sich regt, vor ihm nur flieht
Einsam ist der Sieger

Streifend, äugend, sucht die Beute
Der Tiger
Trostlos öd ist ihm das Heute
Mutlos wird der Krieger

Am Grund des Dschungels ganz allein
Der Tiger
Schwer lastet der Dschungel, er ganz klein
Oben sind die Höhenflieger

Auch Liebe zu erbeuten sucht
Der Tiger
Sein Herz ist doch noch nicht verflucht
Die Tigerin macht ihn zum Sieger

Schlaf

In deinem Schlaf ich dich betracht
Friede ruht dir im Gesicht
Tiefes Gefühl in mir erwacht
Es ist mein Herz, das zu mir spricht:
„Diese Frau, nur diese eine,
Mit ihr will ich mich teilen
Will schlagen nicht für mich alleine
Lass uns so für immer verweilen“

Zartrosa

Zartrosa, weich, voll femininer Energie
Wildes Verlangen zieht mich hin zu ihr
Magnetisch, unsichtbar, wie mystische Magie
Getragen von erotischer Begier

Die Zeiten tiefen Glücks und Wonne
Verfliegen stets mir wie Sekunden
Wie gerne küss ich diese Sonne
Vergess dort alle schweren Stunden

Ich will ihn, deinen samtig weichen Schlund
Verberge mein Gesicht darin
Von Wollust voll ist da mein Mund
Mein Streben hat nur dich im Sinn

Pure Lust will ich ihr spenden
Nichts anders ist heut Nacht mein Ziel
Mög' dieser Abend niemals enden
Bis morgen früh der Zunge Spiel

Wollust, pure Wollust soll sie spüren
Wie auf des höchsten Berges Rücken
So will ich deine Scham berühren
Wie schön du bist in dem Entzücken

Die Liebe

Was ist Liebe

Was ist Liebe?

Ein Gefühl?
Ein Verlangen?
Eine Sehnsucht?
Ein Kribbeln im Bauch?
Ein Ausstoß von Hormonen?

Wo ist Liebe?

In deinem Kopf?
In deiner Brust?
In deinem Herz?
In deinem Bauch?
In deiner Vagina?

Wie ist Liebe?

Zärtlich wie ein Hauch?
Wild wie ein Wüstensturm?
Tief wie das Meer?
Verführerisch wie süßer Wein?
Leidenschaftlich wie tausend kochende
Geysire?

Was ist Liebe?
Wo ist Liebe?
Wie ist Liebe?

Liebe, das bist du!

Im Wald

Du gehst durch einen düstren Wald
Kein End ist abzusehn
Weit ist noch der Weg zu gehn
Und dir ist bitterkalt

Wohin führt dich der lange Weg
Bergauf, bergab, durch wilde Schlucht
Bist du verdammt oder verflucht?
Dir werden deine Sinne träg

Über Wurzeln, über Stock und Stein
Wohin führt dieser enge Pfad?
Wird Krummes jemals wieder grad?
Du fühlst dich so allein

Allein, verlassen von der Welt
Die Angst ergreift dich kalt und klamm
Du fühlst dich schwach, du fühlst dich lahm
Und spürst nichts was dich hält

Wo ist dein Ausweg aus dem Tal
Wo ist der Weg hinaus zur Sonne
Wer zeigt dir deren Licht und Wonne
Es klingt so schwer, doch ist's banal

Es ist die Liebe die dich leitet
Es ist die Liebe die dich führt
Und wenn die Lieb‘ dein Herz berührt
Dann ist der Weg für dich bereitet

Kalter Regen

Auf meine Haut tropft kalter Regen
Doch tief darunter, innen drin
Da bist du
Und du gibst meinem Leben Sinn
Der Liebe Kraft, sie bringt mir Segen

Der Regen, mag er mich auch kühlen
Doch in mir brennt ein starkes Feuer
Das bist du
Das Brennen, es ist mir ungeheuer
Diesen Brand, ihn will ich fühlen

Der Regen mal ein Ende nimmt
Dann kommt hervor wieder die Sonne
Die bist du
Zu dieser allerhöchsten Wonne
Hat das Schicksal mich bestimmt

Der Regen trocknet auf der Haut
Ich fühle stark der Sonne Brand
Der bist du
Zärtlich nehm ich deine Hand
Ich liebe dich, du meine Braut

Der Fischer

Im See allein ein Fischerboot
Zieht einsam durch das Morgenrot
Der Fischer hofft auf guten Fang
Um nichts ist seiner Seele bang

Ich säße gern in einem Boot
Zöge mit dir durchs Morgenrot
Mit dir der Welten Glück ich fang
Um nichts wär meiner Seele bang

So wie der Fischer fährt hinaus
Weiß nicht, kommt er mit Fang nach Haus
So kann auch ich das Glück nicht fischen
Die Liebe hat ein weites Netz –
wie leicht kann sie entwischen

Du oder du

Du oder du
Es tobt und brennt
Doch wer die Liebe kennt
Der lässt sie zu

Du oder du
Doch reden ist zu einfach nun
Es geht um handeln und um tun
Was mute ich dir zu?

Du oder du
Es reißt das Herz
Siegt Leid und Schmerz?
Hab' keine Ruh

Du oder du
Zuletzt siegt immer das Gefühl
Trotzt alles innerem Gewühl'
Und meine Liebe, die bist du

Leben

Leben heißt Liebe
Liebe heißt Leben
Vom Leben nichts bliebe
Liebst du ohne Geben

Freude am Leben

Hab Freude am Leben
Lieb' mit Genuss
Lieben heißt geben
Im ewigen Fluss

Genieße die Liebe
Doch halt sie nicht fest
Am Ende nur bliebe
Dir kärglicher Rest

Die Liebe wird bleiben
Wenn sein kann sie frei
Die Fesseln vertreiben
Drum reiß sie entzwei

Freiheit gibt Halt
Fesseln zerstören
Gib dem Leben Gestalt
Es wird dich betören

Spüren

Liebe spürst du nicht in deinen Lenden
    Spürst du sie in deinen Lenden
    Sie wird verenden

Liebe spürst du nicht in deinem Kopf
    Spürst du sie in deinem Kopf
    Ach, armer Tropf

Liebe spürst du nicht in deinem Herzen
    Spürst du sie in deinem Herzen
    Bleiben nur Schmerzen

Liebe spürst du nicht in deiner Kehle
    Spürst du sie in deiner Kehle
    Es schnürt dir ein die Seele

Liebe spürst du nicht in deinen Hoden
    Spürst du sie in deinen Hoden
    Ist es Liebe ohne Boden

Liebe spürst du überall
    Spürst du sie überall
    Wird sie dir güldenes Metall